예수는 12살

참으로 인간적인, 하나님의 아들의 어린 시절 이야기

예수는 12살

글·그림 조은진

새물결플러스

차례

작가의 말　　　　　　　　　　　　　　　　　　　　　　6

1화　　내 이름은 예수, 12살　　　　　　　　　　　　　　8

2화　　나 메시아 아니에요　　　　　　　　　　　　　　91

3화　　오순절은 떠돌이와 고아와 과부가 즐거운 날　　　138

4화　　이제야 찾은 것 같아요. 내가 무슨 일을 해야 하는지　198

5화　　자꾸 목소리가 들려요　　　　　　　　　　　　　254

6화　　하나님 집이 여기 있다니까 여기 있을래요　　　　300

작가의 말

고대 중동의 수메르·바빌로니아 신화를 탐독하다 당시 거대 제국의 도그마에 맞섰던 고대 이스라엘의 유일신 신앙에 흥미를 느낀 뒤로 구약성경을 소재로 한 만화를 여러 편 창작한 적이 있다. 하지만 복음서에는 선뜻 손이 가지 않았다. 수많은 성경 관련 창작물을 접하면서 예수 이야기에 상상을 덧붙였다는 이유만으로 매도당한 작가들도 봐왔고, 전문적인 자문을 꼼꼼히 받을 금전적·시간적 여력이 없는 일개 웹툰 작가가 1세기 갈릴리 지방, 특히 사료가 적은 한 시골 마을의 분위기를 제대로 재현할 수 있을지 걱정이 앞서기도 했다.

'역사적 예수' 탐구의 대표 격인 '예수 세미나'가 결국 연구자 개개인의 예수상을 투영한 결과에 지나지 않는다는 평이 있듯이 이 만화도 그저 한 작가가 생각하는 예수상을 투영한 결과다.

보통 예수의 어린 시절은 신성을 겸비했거나 그에 준하는 조숙한 아이였을 것이라 추측한다. 하지만 당시 사람들 눈엔 미혼모일 뿐인 마리아와 시대를 초월한 인권 감수성을 지녔으나 현실은 가난한 목수인 요셉이 아이

에게 전문적인 교육을 제공할 수 있었을까 하는 생각이 들었다. 신성은 언뜻 보였을지 모르지만 '조숙한 아이'였을지는 나로선 공감하기 어려웠다. 공생애 기간에 나사렛 사람들이 보인 적대감도 어린 시절의 비범함과는 거리가 멀어 보였다.

    일반 웹툰계에선 연재처조차 찾지 못했을 중동 사극 만화가 완결까지 갈 수 있었던 동력은 열두 살 꼬마 예수의 일상에 함께해준 독자들과 이야기를 이어가는 데 함께 생각을 보태준 에끌툰의 동료 작가들이다. 기독교 세계관을 바탕으로 영감 어린 장르적 개척을 시도하고 있는 유일무이한 플랫폼, 에끌툰이 없었다면 이 작품 또한 빛을 보지 못했을 것이다. 어찌 보면 '신성모독'으로 보일 법한 만화의 단행본 출간을 수락한 새물결플러스에도 감사드린다.

2020년 4월

조은진

1화

내 이름은 예수, 12살

◆ 성격 화끈한 녀석들. 성경에 '사반'이라고 언급되어 있다.

◆ 레위기의 히브리어 제목이 "바이크라"인데 히브리어 레위기 첫 단어가 "바이크라"(그리고 그가 불렀다)다.

◆ 신명기 23:2

◆ 나사렛에서 북서쪽으로 약 6km 떨어진 로마식 신도시. 당시 갈릴리의 중심지였다.

◆ 기원후 6년, 로마제국의 호적 등록 요구에 반발해 '갈릴리의 유다'가 세포리스에서 일으킨 폭동.

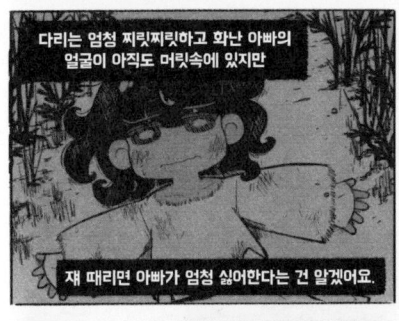

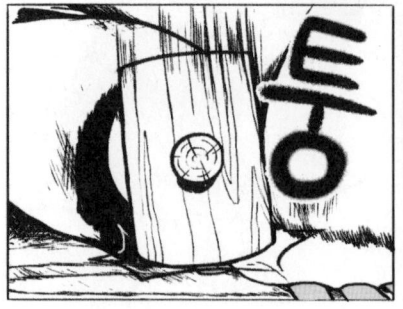

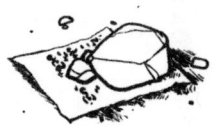

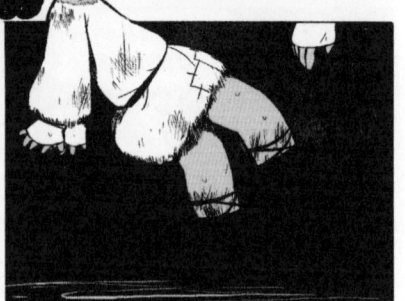

2화
나 메시아 아니에요

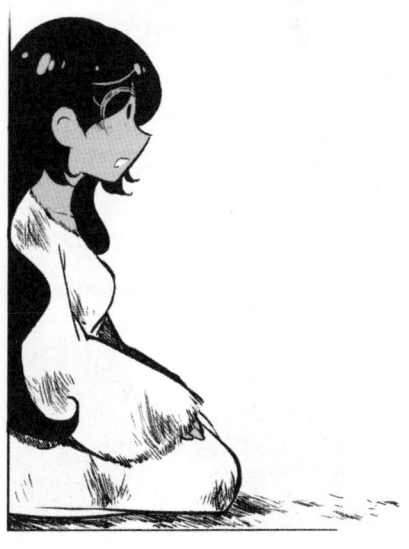

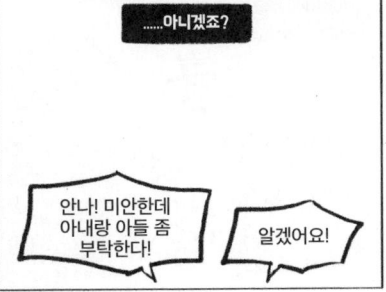

3화
오순절은 떠돌이와 고아와 과부가 즐거운 날

4화

이제야 찾은 것 같아요. 내가 무슨 일을 해야 하는지

◆1세기 유대 종파 중 하나. 광야에서 공동체 생활을 하며 종말을 대비해 세상과 구별된 삶을 살고자 했다.

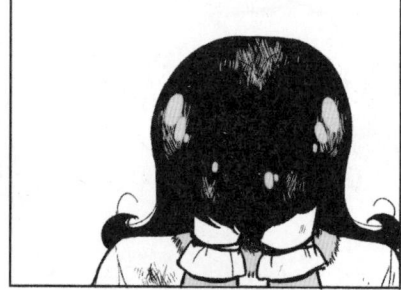

5화

자꾸 목소리가 들려요

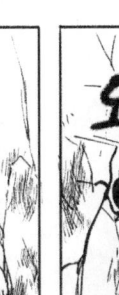

◆ 신명기 27:19
◆◆ 신명기 27:24

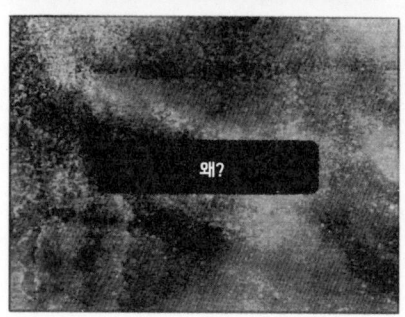

6화
하나님 집이 여기 있다니까 여기 있을래요

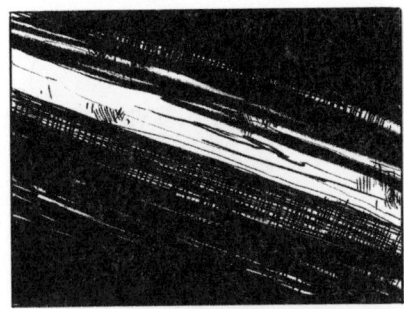

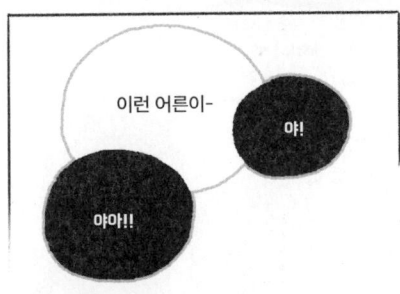

◆ 유대식 토론법. 서로 큰 소리로 질문하며 답을 찾아가는 방식이다.

예수는 12살
참으로 인간적인, 하나님의 아들의 어린 시절 이야기

Copyright ⓒ 조은진 2020

1쇄 발행 2020년 4월 30일
2쇄 발행 2020년 5월 15일

지은이 조은진
펴낸이 김요한
펴낸곳 새물결플러스

편 집 왕희광 정인철 노재현 한바울 정혜인
 이형일 서종원 나유영 노동래 최호연
디자인 윤민주 황진주 박인미 이지윤
마케팅 박성민 이원혁
총 무 김명화 이성순
영 상 최정호 조용석 곽상원
아카데미 차상희

홈페이지 www.holywaveplus.com
이메일 hwpbooks@hwpbooks.com
출판등록 2008년 8월 21일 제2008-24호
주 소 (우) 04118 서울시 마포구 마포대로19길 33
전 화 02) 2652-3161
팩 스 02) 2652-3191

ISBN 979-11-6129-153-6 07230

책값은 뒤표지에 있습니다.

이 도서의 국립중앙도서관 출판예정도서목록(CIP)은 서지정보유통지원시스템
홈페이지(seoji.nl.go.kr)와 국가자료공동목록시스템(nl.go.kr/kolisnet)에서
이용하실 수 있습니다. CIP2020016021